LE
RÉGIMENT DE CHAMPAGNE

DISCOURS

prononcé à Reims dans l'École libre Saint-Joseph,

le 1er Août 1892,

— PAR —

le R. P. MUNIER, de la Compagnie de Jésus.

Société de Saint-Augustin,

DESCLÉE, DE BROUWER ET Cie,

LILLE. — MDCCCXCIII.

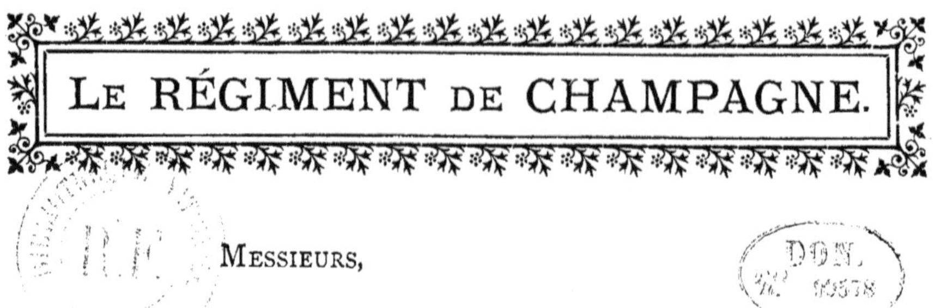

LE RÉGIMENT DE CHAMPAGNE.

MESSIEURS,

IL y a trois ans, j'avais l'honneur de développer ici quelques considé-
rations sur la mission de la France. Dans cette étude, nous consta-
tions que notre patrie a été, pour l'extension du règne de JÉSUS-CHRIST,
ce que le peuple d'Israël avait été pour sa préparation. Or il semble
qu'en vue de si grands desseins, DIEU ait voulu, chez ces deux peuples,
se servir des mêmes moyens. Israël a eu son sacerdoce, la France est
fière du sien ; Israël a eu ses héroïnes, la France montre Clotilde,
Blanche de Castille, la Vierge de Domrémy ; Israël cite parmi ses guer-
riers Josué, David, les Machabées ; la France, elle, Messieurs, n'a pas
besoin de choisir, elle présente toute son armée. Ainsi le prêtre français,
la femme française, le soldat français, tels sont les principaux éléments
dont DIEU s'est servi pour préparer la France à sa mission.

Le sacerdoce français, Messieurs, DIEU m'a fait l'honneur de m'ad-
mettre dans ses rangs, il ne m'appartient donc pas d'en essayer un éloge
qui pourrait sembler intéressé ; le rôle de la femme française est aussi
trop visible, nous-mêmes, Messieurs, nous sommes trop heureux de faire
hommage à nos mères de ce qui nous honore, pour qu'il soit nécessaire
de développer leur action civilisatrice, je répéterai seulement ici ce que
l'on m'a souvent dit en Angleterre, en Écosse, en Belgique, en Hollande,
en Suisse, en Allemagne et en Italie, c'est que la femme française nous
est enviée par tous les peuples de l'Europe.

Il nous reste donc à étudier le troisième élément de notre grandeur
nationale, l'armée française.

Assurément, en abordant ce sujet, je suis saisi d'une appréhension bien
légitime, puisque les grandes choses doivent être noblement traitées.
Toutefois, je me rassure. De quelque bouche que tombe l'éloge, l'homme
est ainsi fait, qu'il se plaît toujours à entendre louer ce qu'il aime. Or,
Messieurs, à quelque parti que vous vous rattachiez, tous vous chérissez
notre armée, tous vous êtes aussi fiers de ses gloires passées, que con-
fiants dans ses exploits futurs, tous vous la regardez non moins comme
le soutien de l'ordre au dedans que comme la vengeresse de notre
honneur au dehors.

Enfin, Messieurs, comme le sujet dépasse de beaucoup les limites d'un discours, je l'ai circonscrit à une période relativement restreinte de notre histoire, et encore me suis-je borné à l'étude d'un seul régiment de l'ancienne monarchie, je veux parler du Régiment de Champagne, de ce régiment qui fut formé en 1561 des bandes ou compagnies d'infanterie permanente, chargées de défendre en Champagne nos frontières de l'Est. Ainsi, c'est un passé de deux cents ans de fidélité et de gloire qui va revivre devant vous. Dès lors la politique n'a rien à voir à ce discours. En rappelant les hauts faits de ce corps, je ne veux qu'une chose : glorifier une armée à laquelle tout Français doit être heureux ou d'appartenir, ou de témoigner ses sympathies ou de prodiguer son dévouement.

Pour peu que l'on étudie l'histoire du Régiment de Champagne, on est frappé de la part éclatante qu'il prit aux exploits de la France. Ce sont en effet pour lui deux siècles de services sans reproche, deux siècles de gloire sans défaillance. De services, Messieurs, car, durant cette époque, il fit quatre-vingt-trois campagnes, prit part à quarante batailles rangées, concourut à cent quatre-vingt-quinze sièges de châteaux ou places fortes, et en soutint quatorze pour son propre compte avec un courage qui ne se démentit point. De gloire aussi, car jamais, au milieu de tant de guerres, ce brave régiment ne fut fait prisonnier, jamais il ne perdit un seul drapeau. C'est à lui encore que Henri IV, que Bassompierre, que Turenne, que Luxembourg, que Villars faisaient appel, toutes les fois qu'un péril devait être affronté, toutes les fois qu'il fallait soutenir le principal effort d'une bataille, toutes les fois qu'il fallait, avec du sang, donner de la sécurité ou de la gloire à la France. Et si vous voulez, Messieurs, juger de ce que ce régiment a déployé d'héroïsme pour toutes les nobles causes, voyez ce qu'ont été ses chefs, car une armée est généralement à l'image de ceux qui la commandent. Eh bien donc, sur les trente-huit mestres de camp ou colonels qui l'ont conduit, vingt sont tombés sur le champ de bataille, la plupart des autres sont devenus officiers généraux, deux ont été promus au grade de maréchaux de France, un autre enfin, le marquis de Toiras, avait tellement donné à son régiment l'exemple du courage que, le jour où il tomba sur le champ de bataille, ses soldats trempèrent leurs écharpes dans son sang, pour se rendre invincibles.

L'héroïsme de ce régiment était même si connu, que les autres corps eurent souvent les plus vives contestations avec lui ; parce que Champagne voulait toujours se trouver au poste le plus dangereux et que sa bravoure avait établi pour lui le glorieux usage d'arriver le premier au sommet des remparts. Rivalité généreuse, Messieurs, où on lutte à qui donnera le plus de sang, à qui rendra le plus de services, à qui se couvrira de plus de gloire ; contestations sublimes, où, sans compter avec la vie, on ne songe qu'à défendre, à faire respecter, à rendre glorieux le pays que l'on aime ; enfin dispute de préséance au-dessus de tout éloge, puisqu'elle est basée non sur l'amour-propre qui tue, mais sur le dévouement qui se fait immoler.

Ce fut là du reste, Messieurs, un héritage que se transmirent nos armées, et je ne vous apprendrai rien en vous disant que cet héritage d'émulation s'est, depuis lors, glorieusement accru.

Certes, de pareils services, une gloire si bien soutenue, suffiraient seuls à immortaliser le Régiment de Champagne. Cependant, Messieurs, sachant que vous estimez les institutions et les hommes par leur caractère plus que par leur bonheur, je trouve à ce régiment un titre plus grand encore à votre admiration : la fidélité et le dévouement. Or tel fut le caractère particulier de cette fidélité : dans les guerres religieuses, il resta toujours fidèle à DIEU, dans les guerres civiles, il défendit toujours la cause du roi, dans les guerres étrangères, il ne cessa de verser son sang, pour rendre glorieux le drapeau de la France.

La fidélité à DIEU, Messieurs ! Mais vraiment est-il nécessaire de la rappeler ici ? Depuis Tolbiac, cette vertu ne fut-elle pas toujours la première vertu de notre armée ? L'épée de la France ne fut-elle pas toujours l'épée de DIEU ? N'a-t-on pas dit, avec une profonde justesse, ce mot qui sera toujours votre gloire, Messieurs de l'armée française ([1]),

Quand la France combat, c'est Dieu qui se défend.

Enfin, rappelant votre rôle civilisateur, et parlant de la Vérité, cette sublime étrangère qui cherche à jeter l'ancre sur tous les rivages, un écrivain de notre siècle n'a-t-il pas dit à son tour,

Que la vérité humaine vogue à travers le monde sur un large fleuve de sang français.

---

1. M. le général marquis de Colbert, commandant la 3e brigade de dragons au camp de Châlons, M. le général Regnier, commandant la 80e brigade d'infanterie à Saint-Mihiel. Autour d'eux étaient groupés des officiers de toutes armes. Ces Messieurs étaient venus couronner leurs enfants ou les fils de leurs amis.

Aussi, Messieurs, lorsque nos chevaliers assistaient à la messe, on les voyait, avant la lecture de l'Évangile, tirer en silence leurs épées du fourreau, et les tenir nues entre leurs mains, jusqu'à la fin de la lecture sacrée, comme si, par leur fière attitude, ils voulaient dire : S'il faut défendre l'Église, nous sommes là.

Ils furent là en effet. On les vit à Vouillé contre Alaric et ses Ariens, à Pavie contre Astolphe et ses Lombards, à Poitiers contre Abdérame et ses Arabes, à Muret contre Raymond de Toulouse et ses Albigeois, à Jérusalem contre le calife d'Égypte et ses Seldjoucides, partout en un mot, où la vérité et l'autorité, venues du ciel, eurent besoin d'appui.

Cette fidélité à Dieu, Messieurs, le Régiment de Champagne devait la mettre au début de son histoire. En effet, l'hérésie faisait à cette époque, ce qui est son essence même, puisqu'elle est une révolte de l'esprit humain contre la vérité. Elle soufflait la rébellion contre l'Église, dépositaire de la vérité révélée, et, pour aider ses projets, elle faisait appel à l'insurrection armée. Coligny et d'Andelot, son frère, calvinistes l'un et l'autre, s'étaient mis à la tête des huguenots. Abusant même de la confiance du roi, abusant de leur situation de colonels-généraux des bandes de Picardie et de Piémont, ils avaient entraîné dans leur révolte contre Dieu une partie des troupes de la monarchie, à tel point que, sur dix-huit mille hommes d'infanterie que comptait alors l'armée du roi, huit mille seulement restèrent fidèles à la cause de Dieu.

Mais, Messieurs, la victoire et l'honneur ne sont pas toujours pour les plus gros bataillons. Soutenue du sentiment du devoir, une poignée d'hommes a souvent plus fait que des milliers de combattants pour la gloire d'un pays, et Sonis, que personne ici ne récusera, l'a bien montré dans les champs de Patay et de Loigny.

Du nombre des soldats fidèles, Messieurs, furent ceux qui composaient les bandes de Champagne. Et remarquez cette coïncidence. C'est non loin de Patay, à Orléans, où le royaume prenait ses sûretés contre l'hérésie, que, pour la combattre, les bandes de Champagne furent constituées en régiment du même nom ; comme si cette ville dût joindre, dans un même et glorieux souvenir, Jeanne d'Arc, le Régiment de Champagne et les zouaves de Charette, puisque tous trois devaient prendre successivement en mains, et avec la même fidélité, la cause de Dieu et celle de la France.

Telle fut donc la mission de Champagne. Et qu'il la remplit bien, le brave régiment ! Oui, Messieurs, elle devait être belle à voir sa croix blanche, battant dans les plis de sa verte bannière et flottant, comme le pavillon d'un navire, au-dessus de flots mouvants de piques et de lances ! On eût dit le guidon du Dieu des armées, planant au-dessus de la bataille et conduisant toujours Champagne au lieu le plus glorieux pour vaincre ou le plus beau pour mourir.

Tout le régiment est en effet à la bataille que, près de Saint-Denis, l'armée catholique livre aux protestants conduits par Condé et où Montmorency est enseveli dans son triomphe ; l'année suivante, il prend part à la bataille de Jarnac où Coligny est vaincu et où Condé meurt en rebelle ; sept mois après, il se trouve à Moncontour où il force Coligny à une fuite précipitée ; enfin, chargé presquel seul de reprendre Rouen, Sancerre, Domfront, La Fère, Étampes, Montauban, La Rochelle, il s'en acquitte de manière à sceller son renom de gloire, à faire triompher la foi catholique et à terrasser définitivement l'hérésie.

Et vraiment, comment eût-il hésité, quand il voyait, en moins de trente ans, six de ses colonels tomber sur le champ de bataille pour la cause de Dieu, ou s'illustrer pour la défense de la foi ? Le 10 avril 1573, les Calvinistes, enfermés dans La Rochelle, avaient planté, sur le bastion de l'Évangile, un drapeau insultant pour les catholiques. A cette vue, comme au siège de Jérusalem, où, du haut des remparts, les musulmans insultaient la croix, l'indignation est au comble ; on brûle de venger l'outrage fait à l'Église de Dieu. Et qui va s'en charger, Messieurs ? Un soldat, un officier de Champagne, un héros dans les veines duquel circule le sang de Montluc. Jean de Montesquiou, lieutenant-colonel du régiment, s'élance donc sur la brèche, engage un combat opiniâtre, tue les défenseurs de l'étendard sacrilège, l'arrache au bastion et le rapporte au sein du régiment. Je vous le demande, Messieurs, Tancrède eût-il mieux fait, et les croisés du seizième siècle étaient-ils si loin de ceux du onzième ?

Champagne devait être fidèle à son Roi, comme il avait été fidèle à son Dieu. Henri III et Henri IV, dans leurs luttes contre la Ligue, Louis XIII dans la querelle des Princes et celle des Mécontents, Louis XIV, dans les guerres de la Fronde, ne trouvèrent pas de troupes plus fidèles.

J'ai prononcé le nom de la Ligue. Ne croyez pas, Messieurs, que je la condamne pour exalter la fidélité de mon cher régiment, ni que j'abandonne la cause de Dieu, pour la cause du Roi. Non, Messieurs.

« Le principe de la Ligue fut salutaire et légitime; il fit passer les intérêts de Dieu avant les intérêts des hommes ; il apprit aux peuples que la conscience religieuse a quelque chose de plus immuable que la conscience politique, » parce que la première tient aux droits de Dieu qui sont inaliénables, et que la seconde a quelque chose d'accidentel, de variable et d'éphémère comme les royaumes d'ici-bas. La Ligue atteignit donc son but et la France demeura ce que Dieu l'avait faite : la Fille aînée de l'Église, la France de Clovis, de Charlemagne et de saint Louis.

Cependant, il faut le dire, à ce moment de notre histoire, beaucoup de bons esprits, comme le cardinal Bellarmin et de nombreux évêques de France, pensant les guerres religieuses terminées, ne virent plus dans Henri III et dans Henri IV que des monarques légitimes et ils se crurent obligés de défendre le principe d'autorité qu'ils représentaient.

Le Régiment de Champagne fut de ce nombre ; il suivit la bannière de ces princes. Bien plus, Henri IV ne consentit jamais à s'en séparer. Ainsi, pendant qu'il chargeait le régiment de Navarre de la défense de Clermont, de Creil et de Gisors, pendant qu'il laissait dans la place de Gournay, le régiment de Picardie tout entier, il donnait à Champagne ce témoignage d'estime de le garder toujours près de sa personne ; il lui confiait la défense de son droit aux glorieuses journées d'Arques et d'Ivry, et, lors de son entrée dans Paris, il voulait que le régiment partageât son triomphe et y entrât avec lui.

Les rois se succéderont, Messieurs, la fidélité de Champagne ne variera point.

Ainsi, en 1614, profitant de la minorité de Louis XIII, Condé, Vendôme, de Longueville, de Luxembourg, de Nevers, de Retz, lèveront l'étendard de la révolte ; plus tard, Marie de Médicis elle-même essaiera de ressaisir, à main armée, l'influence que la majorité de son fils lui enlève ; plus tard encore, ce sera le duc d'Enghien, le vainqueur de Rocroy, le grand Condé, qui donnera aux Frondeurs l'appui de son nom, l'autorité de son génie, le concours de son épée. Certes, Messieurs, durant un siècle de troubles, il fallait une fidélité à toute épreuve, il fallait un sentiment du devoir bien profondément gravé au cœur, pour ne pas se laisser ébranler un instant par la défection de tant d'hommes illustres.

Cette fidélité et ce sentiment du devoir, Champagne ne s'en départira jamais. Par son audace, il triomphera sur la Loire du parti des Mécontents ; par sa fière contenance, il maintiendra Vitry-le-Français dans l'obéissance du roi ; par sa bravoure aux Ponts-de-Cé, il forcera la reine-mère à se soumettre ; par sa constance enfin, il tiendra en échec le grand Condé lui-même. En 1650, il est envoyé en Guyenne pour s'opposer avec plusieurs autres régiments aux progrès de ce prince. Hélas ! le corps dont il fait partie est taillé en pièces par l'illustre rebelle. Dans ce désastre cependant, Champagne va-t-il se ranger au parti des Frondeurs ? Non, Messieurs, car à ses yeux ni le malheur ne permet l'abandon du devoir, ni le succès ne légitime l'insurrection. Champagne fait donc ce que vous auriez fait vous-mêmes, si vous eussiez eu la même cause à défendre. Il repousse toute négociation et opère sa retraite avec un sang-froid qui en impose au vainqueur. Grâce à l'habile manœuvre de Lamothe-Vedel, son lieutenant colonel, il gagne les haies dont le pays est coupé, il arrête l'ennemi par un feu toujours soutenu, et trouve le moyen de se jeter dans Miradoux, sans perdre un seul homme. En vain Condé réunit toutes ses forces pour l'y assiéger, en vain fait-il sommer Lamothe-Vedel de se rendre, en vain le menace-t-il, s'il tarde, de le faire pendre et de passer le régiment au fil de l'épée. Lamothe-Vedel ne répond que ce mot : « Allez dire à votre maître que je suis du Régiment de Champagne. » En s'adressant à un Condé, on ne pouvait parler plus haut, ni plus fier. Le vaillant officier justifia d'ailleurs la hauteur de sa réponse. Sous sa conduite, Champagne se défendit comme il sut toujours le faire ; il donna au comte d'Harcourt le temps d'arriver, infligea une éclatante défaite au prince de Condé et montra à toute la France que ni les entraînements de l'exemple, ni la corruption de l'or, ni le prestige des révoltés n'affaibliraient son dévouement, ne diminueraient sa fidélité, n'auraient raison en lui ni de l'honneur, ni du devoir.

Dès lors, Messieurs, quelle fidélité la France ne pouvait-elle pas attendre de lui ?

Avant même d'être constituées en régiment, les bandes de Champagne avaient, sous ce rapport, montré l'espoir qu'on était en droit de fonder sur elles. Le nom de ces bandes est en effet intimement lié à la célèbre défense de Mézières par le chevalier Bayard, à la défense non moins illustre de Metz par le duc de Guise, et, sous le même homme de guerre, à la glorieuse reprise de Calais sur les Anglais. Ainsi Mézières, Metz, Calais, devenaient trois solides fondements de la fortune de Champagne, trois titres éclatants d'une gloire qui ne devait jamais pâlir, trois garanties assurées de ce que l'on pouvait attendre de lui et demander à sa valeur pour le triomphe de nos armes.

C'est en 1597, à la reprise d'Amiens sur les Espagnols, que Champagne, de concert avec Navarre et plusieurs régiments levés à la hâte, commence à rappeler à la modestie les ennemis de la France. La ville fut si vite investie, la tranchée si rapidement ouverte, l'assaut si vigoureusement donné, que l'armée de secours, envoyée par l'Espagne, se retira promptement au-delà des frontières. Aussi, parlant d'un siège si bien conduit, un chroniqueur du temps ne peut s'empêcher de mettre l'ardeur française en regard de la lenteur espagnole et prononce ce mot si vrai de nos armées : « Ces Français, ils ont toujours dîné avant que nous ayons mis la nappe. »

Bientôt après, nous trouvons Champagne aux prises avec les soldats de l'Angleterre.

Les Calvinistes, vous le savez, Messieurs, avaient, pour aider leur révolte, sollicité l'appui de l'étranger. Or, il y avait au-delà du détroit un peuple qui, comme eux, s'était violemment séparé de l'Église ; d'autre part ce peuple était l'ennemi naturel de la France. Les Protestants crurent avoir besoin de l'appui de leurs coreligionnaires. Mais les Anglais, Messieurs, sont des marchands : ils ne donnent jamais ce qu'ils peuvent vendre. Ils promirent donc leur intervention armée, moyennant salaire. Le salaire, hélas ! leur fut donné. En 1563, Coligny trahissait la France, comme il avait trahi son Dieu et ses rois ; il livrait aux Anglais le Havre, Dieppe et Rouen, pendant que les révoltés de La Rochelle appelaient à leur aide ces ennemis séculaires de la France. Dès lors, l'œuvre que Duguesclin, Clisson, Jeanne d'Arc, les Montmorency, les Guise avaient si vaillamment commencée ou si glorieusement achevée, se trouvait détruite par l'hérésie ([1]). Cette œuvre nationale, il fallut donc la reprendre.

Ce fut Champagne qui s'en chargea. Déjà ses bandes avaient reconquis Dieppe et le Havre et avaient concouru au siège de Rouen. Quelques années plus tard, le régiment tout entier est commandé pour défendre l'île de Ré contre Buckingham. Sans doute les Anglais l'attaquent avec cent vingt navires, et dirigent dix mille hommes contre la citadelle Saint-Martin. Mais Champagne sait qu'il s'agit pour lui de deux causes qu'il n'a jamais séparées : la cause de Dieu et celle de la France. Pendant quatre mois, malgré les fatigues et les maladies, malgré les pri-

---

1. Voir Crétineau Joly, *Hist. de la Compagnie de Jésus.*

vations et les angoisses de la faim, malgré les sorties qu'il doit tenter et les assauts qu'il doit soutenir, par sa patience à souffrir, par son ardeur à combattre, par son héroïsme à donner du sang, il défend les remparts, il rejette l'Anglais dans la mer, il donne aux troupes royales le temps d'arriver. Il est vrai qu'après la dernière bataille, le brave régiment n'avait plus que quatre cents soldats, mais il avait tué six mille hommes à Buckingham, il lui avait pris tous ses canons, il avait sauvé l'île de Ré, il avait enlevé tout espoir de secours aux révoltés de La Rochelle, et, envoyant trente-six drapeaux à Notre-Dame de Paris, il commençait cette brillante série de trophées que nos soldats n'ont cessé d'offrir à la Mère de Dieu, et d'élever à l'honneur de la France.

En 1631, Champagne guerroie en Italie : il est au célèbre Pas de Suse et va secourir Casal, où, sous les ordres du marquis d'Harcourt, il bat, un contre cinq, les troupes espagnoles. C'est à cette occasion que Léganez, général en chef de l'armée d'Espagne, écrivit au marquis d'Harcourt : « Monsieur, si j'étais roi de France, je vous ferais trancher la tête pour avoir hasardé une si petite troupe contre une si grande armée. » A quoi d'Harcourt répondit aussitôt : « Monsieur, si moi, d'Harcourt, j'étais le roi d'Espagne, je vous ferais couper le col, pour vous être si mal défendu avec une si grande armée contre une si petite troupe. » En vérité, Messieurs, pouvait-on faire en moins de mots un plus bel éloge de la valeur de Champagne ?

Ce n'était pas la dernière fois du reste que les Espagnols et les Autrichiens devaient avoir affaire au régiment : car, sans parler de la bataille d'Avein où Champagne à lui seul met treize bataillons ennemis dans une épouvantable déroute ; sans parler de ce passage de l'Aa, près de Saint-Omer, où, devançant déjà le héros de Rocroy, Champagne montrait à l'infanterie espagnole et au brave comte de Fontaine lui-même qu'il est dangereux d'avoir en face un pareil régiment; sans parler de ce fameux siège de Lérida où, avec l'ardeur aventureuse du caractère national, Champagne ouvre la tranchée et donne l'assaut, précédé des violons du prince de Condé, sans rappeler, dis-je, tous ces faits glorieux, c'est Champagne qui, sous les ordres de Turenne, décide les victoires de Sentzheim et de Turckheim, qui donnent l'Alsace à la France ; enfin, quand cet illustre maréchal a été enseveli dans son triomphe, quand l'armée française, forcée par Montecuculli, doit se replier en deçà du Rhin, c'est Champagne qui, soutenu d'un régiment de dragons, est encore chargé de faciliter à toute l'armée, au prix de son sang, le passage du fleuve :

tant il est vrai, Messieurs, que pour le salut et la gloire de la France, la croix blanche du régiment devait, comme la croix victorieuse du Calvaire, arborer partout ces choses sublimes qu'on nomme la fidélité, l'honneur et le dévouement !

Cependant la Ligue d'Augsbourg vient de se former contre la France. Les armées ennemies ont déjà remporté quelque avantage, quand Luxembourg va à leur rencontre dans les plaines de Fleurus. C'était un jour de sang et de gloire, Messieurs ; Champagne devait donc en être. La bataille allait commencer, quand tout à coup on voit paraître le jeune colonel de ce régiment. Luxembourg chérissait ce jeune homme ; il craignait que son ardeur ne lui devînt funeste. Aussi avait-il voulu le tenir loin du champ de bataille. Mais, chers jeunes gens, vous le comprenez, à votre âge on rougit de fuir le danger ; bien plus, on hasarde volontiers sa vie, quand on aime la gloire, quand on aime la France. Ce jeune homme s'élance donc avec une ardeur digne de son âge, digne du nom qu'il porte, digne du régiment qu'il commande. Soudain une balle l'atteint et il tombe. C'est au début de sa carrière, il est vrai, mais s'il meurt, c'est déjà comme les héros savent le faire. Et n'en soyez point surpris, Messieurs : ce jeune homme s'appelait Colbert et il avait vingt ans.... (¹) Sa mort cependant a mis la vengeance au cœur de ses soldats. Ils se précipitent, ils attirent sur eux tout l'effort de la bataille ; ils occupent l'ennemi, pendant que Luxembourg le tourne par la gauche. Bientôt le prince de Waldeck doit prendre la fuite, laissant six mille morts, huit mille prisonniers, quarante-neuf pièces de canon et deux cents étendards, qui valent au maréchal le nom glorieux de Tapissier de Notre-Dame.

Hélas ! après avoir combattu pour la gloire de la France, nos armées allaient en être réduites à combattre pour l'intégrité de son territoire.

L'année 1704 venait de s'ouvrir. Les puissances coalisées avaient confié leurs troupes à Marlborough et au prince Eugène. Le 11 août, les deux armées se trouvaient en présence dans les plaines d'Hochstœdt, dans ces plaines, où, l'année précédente, la valeur de nos régiments, celle de Champagne en particulier, s'était si noblement signalée. Mais Villars n'était plus là. Tallard et de Marsin l'avaient remplacé. A plusieurs reprises cependant, l'aile gauche où se trouvait Champagne avait déjà été attaquée sans succès par le prince Eugène. A six heures du soir, elle avait repris toutes ses positions, elle avait même enlevé à l'ennemi

---

1. Il était né en 1670 et fut tué en 1690.

du canon, des drapeaux et un grand nombre de prisonniers. La bataille était donc gagnée sur ce point, quand les désastres éprouvés à l'aile droite, firent commander la retraite. Ce fut Champagne encore qu'on chargea de la protéger. Il le fit sous la conduite du marquis de Blainville, son ancien colonel, celui-là même qui, avec ce régiment, avait anéanti les Gardes anglaises à Steinkerque et que Villars, dans son estime pour lui, avait, l'année précédente, demandé lui-même à Louis XIV. En se retrouvant à la tête de son régiment, le marquis de Blainville ne put maîtriser un légitime mouvement d'émotion. Faisant allusion aux membres de sa famille, tués dans les rangs de ce corps : « Régiment de Champagne, dit-il, il vous faut donc bien des Colbert ! » Ce mot, Messieurs, semblait prophétique. Le marquis de Blainville eut en effet les deux jambes emportées d'un coup de canon, et périt, au milieu de Champagne, comme ses deux frères y étaient morts glorieusement eux-mêmes, l'un à Valcourt, l'autre à Fleurus, en conduisant ce régiment au combat, et en donnant à la France autant de sang et de gloire que leur illustre père lui avait donné de richesse et de prospérité.

Telle fut, Messieurs, la seconde bataille d'Hochstœdt. Elle avait été, comme la première, pleine de gloire pour Champagne ; mais en revanche elle préparait Ramillies, Oudenarde et l'invasion de la France. Hâtons-nous de le dire cependant, la France fut plus grande que ses malheurs. Louis XIV releva fièrement la tête ; puis, en roi qui connaît son peuple, il fit appel au cœur de la France et confia de nouveau ses armées à Villars.

Champagne fut alors appelé des bords du Rhin dans les champs de Malplaquet. Dans cette mémorable bataille dont peut-être nous ne sommes pas assez fiers, Champagne était au centre et en première ligne selon sa coutume. On venait de distribuer aux troupes le pain dont elles manquaient depuis un jour. A ce moment, le canon gronde sur Champagne et trois colonnes ennemies s'avancent à sa rencontre. Aussitôt le régiment jette le pain qu'on lui a donné, prend ses armes, charge à la baïonnette et culbute ceux qui ont osé l'attaquer. Ce mouvement hardi, en présence d'un ennemi supérieur en nombre, en impose aux alliés. Leurs colonnes s'arrêtent , puis, prenant à droite, elles tombent sur vingt-deux bataillons placés dans un bois voisin. Le marquis de Colbert-Seignelay (¹), colonel de Champagne, voit avec peine lui échap-

1. On ne sera pas surpris que le nom de Colbert revienne plusieurs fois dans ce discours. Cinq membres de cette illustre maison ont en effet commandé Champagne pendant cinquante années,

per une si belle occasion de se signaler. Il demande à Villars la permission d'entrer dans le bois et de donner. Villars connaît Seignelay, comme les hommes de valeur savent le faire ; il l'autorise à marcher. Aussitôt Champagne s'élance avec une si grande impétuosité, que trois rangs d'ennemis sont culbutés et se voient enlever leurs drapeaux. La brigade victorieuse aurait poussé plus loin ses avantages ; malheureusement les ennemis venaient de déborder notre gauche. Champagne sort aussitôt du bois, reprend ses positions et se met en bataille. Enivré de gloire, il attendait un nouvel ordre pour donner, quand la blessure du maréchal de Villars fit commander la retraite. Ce fut une retraite, Messieurs, mais quelle retraite ! la retraite du lion qui doit quitter la bataille, une retraite si bien conduite qu'aucun soldat n'y perdit ses armes, une retraite si courageuse, que l'ennemi n'osa l'inquiéter. Ainsi se termina cette sanglante bataille « qui ne laissa pas aux alliés d'autre avantage que le terrain, pas d'autre droit que celui d'enterrer librement vingt mille de leurs morts, pas d'autre désir que celui de n'acheter jamais plus à ce prix un champ de bataille, tandis que Villars emportait, pour soutenir ses pas chancelants, trente-cinq drapeaux arrachés à l'ennemi. » Le lendemain, toute l'armée, prête à reprendre l'offensive, campait entre Valenciennes et le Quesnoy, et le régiment de Champagne, que son héroïsme avait réduit de moitié, avait l'honneur d'arborer, sur le front de bandière, neuf drapeaux conquis sur les alliés.

Dans l'état où se trouvait la France, une pareille journée était une victoire : Malplaquet, Messieurs, préparait Denain.

Épouvantés de leurs pertes, rendus timides par leur victoire même, les alliés s'étaient un instant recueillis. Louis XIV, de son côté, profitant de ce moment d'arrêt, avait réorganisé ses troupes ; enfin, Villars, remis de sa blessure, était venu prendre le commandement de cette armée.

L'illustre maréchal alla joindre les ennemis à Denain, où l'insolente et téméraire audace du prince Eugène avait démesurément étendu ses lignes. Villars simule donc une fausse attaque du côté de Landrecies, puis recule soudain vers l'Escaut, et fait avancer son armée sur les retranchements qui protègent l'armée hollandaise. Champagne était à l'aile gauche. A peine le jour commençait à luire. Villars comprend que, dans cette journée décisive, le secours de DIEU n'est pas inutile. Il fait battre la prière. L'armée entière tombe à genoux. Ah ! Messieurs,

---

c'est-à-dire pendant le quart de toute la durée du régiment, et presque tous y ont mêlé leur sang à celui de leurs soldats.

ce fut un moment sublime, un spectacle sans précédent dans les annales de notre histoire, quand on vit le dernier enjeu d'une glorieuse couronne, la dernière armée d'un grand peuple près de périr, à genoux devant le Maître des nations, devant Celui par qui seul se gagnent les batailles. Quand la prière est dite, Villars fait tout d'abord avancer Champagne, et, comme on lui demande des fascines pour combler le fossé : « Le corps de nos gens en tiendra lieu, » répond-il. Ce mot anime la fierté de Champagne. Il s'élance, il traverse l'Escaut sous une pluie de mitraille, il court droit aux retranchements, sans perdre de temps à riposter. Arrivés sur le bord du fossé, ses grenadiers s'y précipitent, se hissent les uns sur les autres, brisent et arrachent les palissades. Bientôt Champagne tout entier, suivi lui-même de plusieurs autres corps, pénètre dans les retranchements. L'armée hollandaise, à la vue de tant d'audace, est comme frappée de stupeur, elle est passée au fil de l'épée ou forcée de se noyer dans l'Escaut. Le carnage est même si épouvantable que, des dix-sept bataillons qui défendent le camp de Denain, quatre cents hommes à peine échappent à la mort. En vain le prince Eugène accourt ; c'est pour être témoin de la ruine de son armée ; en vain engage-t-il ses renforts, il doit reculer à son tour. Bientôt Landrecies est délivré ; Douai, Marchiennes, le Quesnoy sont repris. En moins de deux mois, cinquante bataillons ennemis sont anéantis ou faits prisonniers. Ainsi, grâce au courage de Champagne, grâce à l'élan irrésistible, grâce à l'ardeur communicative qu'il fait naître autour de lui, l'armée de la Hollande est détruite, celle de l'Allemagne dispersée, la coalition frappée à mort, l'honneur national reconquis, l'estime de l'Europe rendue à nos soldats la France, Messieurs, était sauvée.

Une paix de vingt années suivit cette victoire où Champagne avait, au prix de son sang, montré à la France l'héroïsme de sa fidélité.

Vienne désormais la guerre de la succession de Pologne, notre régiment, sur la demande formelle de Villars au roi, ira rejoindre l'armée d'Italie, et, dans les meurtrières batailles de Parme et de Guastalla, ajoutera deux titres de gloire à ceux qu'il possède déjà. Que la guerre de la succession d'Autriche mette aux prises les armées de Louis XV et de Marie-Thérèse ; sous les ordres du maréchal de Saxe, Champagne ira, dans les champs de Rocoux et de Lawfeld, prendre sa grande part des gloires de la France. Qu'éclate enfin la guerre de Sept-Ans, Champagne, étranger à la honte de Rosbach, décidera, près d'Hastembeck, la seule victoire de cette désastreuse campagne, et, par sa contenance, il sauvera à Crefeld les débris de l'armée.

Et disons-le, Messieurs, à la gloire de ce noble régiment, si, dans cette guerre, les chefs d'armée firent défaut à nos troupes, si les intrigues d'une courtisane rendirent inutile le meilleur sang de nos soldats, si les instincts de gloire, si la passion du dévouement, si les convictions de la foi, si la dignité de la vie, si cette fierté nationale qui avait inspiré Condé, Turenne, Luxembourg et Villars, manquèrent à la plupart de leurs successeurs, affirmons-le sans crainte, nos vieux corps, leurs officiers immédiats et jusqu'aux derniers rangs de l'armée, gardèrent intacts et l'honneur du drapeau et la fidélité à la patrie.

Ainsi, pendant que le comte de Gisors, colonel de Champagne, se fait tuer à Crefeld, à la même bataille, Sainte-Foi, caporal du même régiment, montre l'héroïsme dont est capable le plus obscur des enfants de la France. Ce brave soldat avait, toute la journée, déployé la plus grande valeur, lorsqu'il eut les deux jambes emportées par un boulet. En le voyant tomber, ses camarades accourent. « Non, leur dit-il, ne vous attardez pas à me soulager, retournez à vos drapeaux et vengez-moi. » En disant ces mots, Sainte-Foi leur remet la bourse de la chambrée, et meurt, en soldat fidèle, le visage tourné vers la France.

Messieurs, l'histoire de notre régiment touche à sa fin. Quinze ans plus tard, Louis XVI en faisait le dédoublement, et, le premier Janvier 1791, l'Assemblée Constituante lui enlevait son nom et fractionnait en différents corps ses héroïques soldats.

Rassurez-vous cependant, Messieurs. Si ce corps glorieux a cessé d'être, son esprit est loin d'être éteint : au besoin on le retrouverait dans toute notre armée. Le dirai-je ? il me semble le voir, tout près de nous, promettant à la France, sous un autre nom, des jours aussi glorieux. Le régiment dont vous venez d'entendre l'histoire, avait surtout pour mission de veiller en Champagne sur ce qui se passait à la frontière de l'Est. Or, Messieurs, vous ne me contredirez pas, si je dis que notre régiment revit dans le 6e Corps tout entier, puisque ce Corps est, comme Champagne, destiné à marcher le premier ; puisqu'il a comme lui, mêmes frontières à surveiller, mêmes ennemis à combattre, même patrie à venger, mêmes champs de bataille à conquérir, même gloire à moissonner ; puisqu'enfin, depuis Saint-Mihiel, ce glorieux avant-poste de notre défense nationale, jusqu'au camp de Châlons où l'on se forme si bien à la guerre,

le 6e Corps a des chefs qui le mèneront à l'honneur et à la victoire...
Vous avez raison, Messieurs, d'applaudir les officiers qui sont sous vos
yeux ; car, en les saluant, ce sont aussi nos chefs de Corps, c'est l'armée,
c'est la France entière que vous saluez.

Mais ne l'oubliez pas, si les chefs de notre armée sont le corps d'élite,
la sainte réserve, la ressource suprême que Dieu garde pour la sécurité
et l'honneur de la France, c'est à vous aussi qu'il appartient de con-
courir à la défense de notre chère patrie et à l'extension de notre gloire
nationale. Car, Messieurs, « il y a plus d'une sorte de chevalerie et, pour
relever un peuple, les grands coups d'épée ne sont pas de rigueur. A
défaut d'épées, nous avons la parole, à défaut de parole, l'honneur de
notre vie, » qui pèse aussi dans la balance des conseils divins. Appuyons-
nous donc toujours, Messieurs, sur les principes de foi et d'honneur qui
seuls font les hommes, parce que seuls ils font les chrétiens.

Pour vous, Mesdames, si le récit de tant de combats livrés, de tant de
sang répandu, a ému vos cœurs, en vous faisant penser à vos fils, souvenez-vous des mères de nos chevaliers ; souvenez-vous que, comme elles,
vous êtes françaises et chrétiennes ; comme elles donc faites de vos fils
de vrais serviteurs de Dieu, si vous voulez qu'ils soient un jour de grands
serviteurs de la France.

Car, mes Enfants, (et c'est par vous que je finis), si c'est par sa reli-
gion, par sa discipline, par sa fidélité au devoir, par sa passion des nobles
choses que, durant deux siècles, le Régiment de Champagne a joué un
rôle si beau, c'est par les mêmes pensées de foi, par les mêmes instincts
de gloire, par les mêmes élans de vertu, que vous serez forts, que vous
serez grands, que vous rendrez grande et forte notre France bien-
aimée.

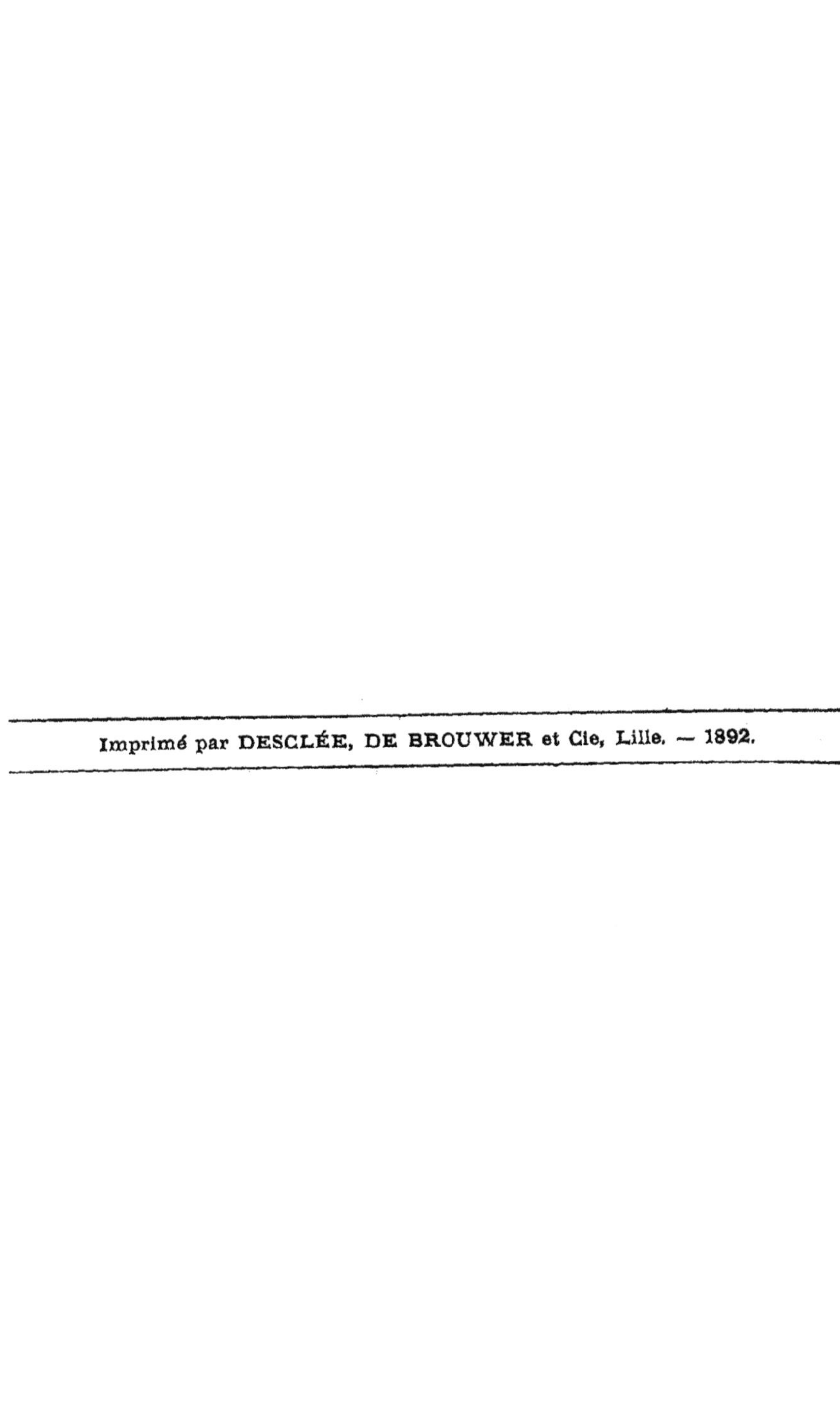

Imprimé par DESCLÉE, DE BROUWER et Cie, Lille. — 1892.

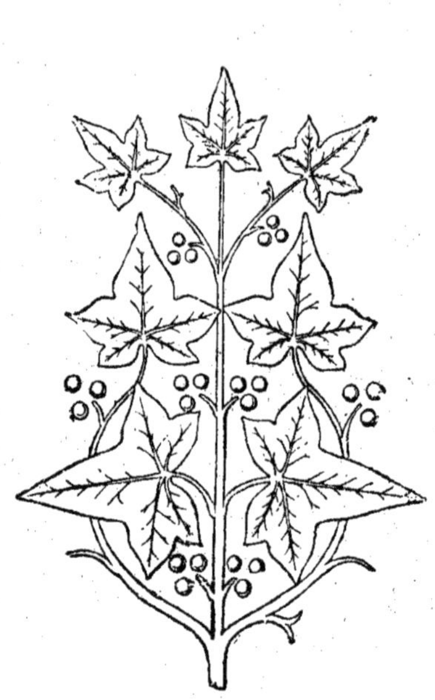